Pepsy Mvomo

RICHARD ET SES PAUVRARDS

Théâtre

ISBN : 978-9956-0-9826-2

Richard et ses pauvrards

Editions Tig

Tafam International Group Co Ltd
Bp 152 Bangangte
Téléphone : 00237 693 553 904
E-mail : tig.editions@gmail.com

www.tig-books.com

Préface

Le pouvoir que procure l'argent rend certaines personnes incontrôlables et méprisables. Elles exercent alors leur suprématie sur les faibles qu'elles qualifient de minables, profitant de la moindre opportunité pour faire parade de leurs avoirs. La réalité est pourtant que, ce pouvoir est factice, dépourvu de tout honneur car, il transforme le cœur de l'homme et l'assujetti complètement au point de le rendre esclave. Réduit à ce statut d'esclave, il se borne toujours à croire qu'il est le maitre et que les autres autours ne sont que ses sujets qu'il peut diriger selon son bon vouloir. Dès lors, très occupé à nourrir son égo, son orgueil, son avidité, sa cupidité, il se hisse au rang de vaniteux sans se soucier qu'il emprunte là un chemin à sens unique.

RICHARD ET SES PAUVRARDS met en scène un personnage vaniteux et ingrat qui, devenu une haute personnalité de la république, crache dans les mains qui autrefois lui ont donné à manger. Richard BEKONO et ses parents s'érigent en grands rois, minimisant les paysans qui pour la plupart ont contribué à la construction de leur empire ; À croire que l'abondance des biens matériels cause chez certaines personnes des trous de mémoire qui les font oublier leur passé. Exténués par cette ingratitude, ces mêmes gens qui ont aidés à la construction de l'empire, vont également œuvrer pour la destruction de celui-ci car, la main qui donne peut si elle le veut reprendre. Le plus grand des supplices qu'on puisse infliger à un cœur cupide, est de lui enlever tout son or ; ainsi, face à la chute de son royaume, Richard va une fois de plus choisir de nourrir son orgueil et s'éteindre en même temps que lui.

L'argent n'est pas mauvais car il n'a ni corps, ni âme, il est inerte. Tâchions juste de nous poser la question serions-nous celui par qui ce dernier va devenir mauvais ?

Danielle KENMOE

PRÉSENTATION

Richard Bekono est un politicien riche et très influent qui autrefois, naquît dans une famille très pauvre. En effet, Abomo et Ebogo ses parents, furent incapables d'assumer ses responsabilités dans tous les aspects de son vivre. Ainsi, c'est par la grâce, qu'Evina son oncle, frère d'Ebogo accepta de prendre soin de lui au même titre que son propre fils.

Aussi, Richard grandira chez Evina jusqu'à devenir homme. C'est étant chez son oncle, que les patriarches de Nkoulou trouvèrent mieux de faire de lui une grande élite très riche, qui fera le bonheur de tout le village. Aussi, Richard fit une promesse devant les anciens de Nkoulou de devenir fortuné au profit de toute la population. C'est donc dans cette optique, que les vieillards réunirent toutes leurs forces afin de faire de Richard, député de l'Assemblée nationale et plus tard, un homme d'affaires très influent à l'échelle nationale et internationale.

Guérit de son handicap, le boiteux nargue ses malheureux guérisseurs, que Richard une fois fortuné, bâti un empire pour faire asseoir sa propre suprématie. En effet, Richard fait désormais la loi du riche, devient hautain et orgueilleux. Ses bienfaiteurs deviennent ses marchepieds, victimes de sa maltraitance plus grave encore, Evina son oncle devient son pire ennemi. Ainsi donc, les patriarches se sentant trahis par leur fils, décident eux-mêmes de mettre fin au règne de Richard en retirant toutes leurs énergies. Aussitôt, Richard verra toute sa fortune disparaitre mystérieusement et sans aucune explication. L'humilité n'étant plus sa chose à savoir, s'humilier auprès de ces ancêtres afin qu'il soit pardonné étant un trop grand coup pour son égo, la résidence de Richard sera envahie par la police. Comme Adolph Hitler, téméraire à son orgueil, Richard va se suicider en se tirant une balle dans la tête.

ACTE I

C'est la matinée à Nkoulou, et tout semble plus animé aujourd'hui. Sur le chemin du champ, on peut apercevoir hommes et femmes, vieux et enfants, tous armés de machettes, houes, dabas qui se dirigent vers la résidence du député. On est dans les derniers préparatifs de l'arrivé de Richard dans son village natal. Devant une haute barrière protégée par deux gardes lourdement armés, le personnel de surface s'attèle à mettre la propreté sous la coordination d'un contremaître habillé à la mexicaine, grand de taille, visage de tigre et bâton de berger à la main.

Scène 1

(CONTREMAÎTRE, VIELLE, EBOGO, PHILMON, AMBELLA)

CONTREMAÎTRE

(Faisant des vas et viens en s'adressant à une vieille dame qui sarcle)

Hey la vieille, tu joues à l'escargot ou quoi? Depuis là tu es surplace, allez, grouilles toi bon sang !!

VIEILLE

Mon fils, j'essaie de faire de mon mieux, ta vieille mère n'a plus de force...

CONTREMAÎTRE

(violent)

Assez avec de longs discours, termines moi cette portion rapidement, je n'ai pas de temps à perdre !!

VIEILLE

(Se remet à sarcler)

Si si, je me grouille !!

Il continue sa marche et tombe sur un groupe de vieillards qui prennent une petite pause, la chose l'agace de plus.

CONTREMAÎTRE

Hey bande d'impotents ! Alors vous prenez

une pause quand vous voulez n'est-ce pas ? Ne savez-vous pas que c'est une affaire de temps ?

VIEILLARDS

Chef, nous sommes vraiment épuisés, veuillez nous donner quelques minutes de repos et...

CONTREMAÎTRE
(Furieux)

On raisonne quand je parle hein ? Voulez-vous que je réduise cela dans vos minables salaires ? Allez, évacuez moi ces parpaings rapidement et que ça saute !!

Sans plus dire un seul mot, les vieillards se dépêchent de transporter les parpaings pendant que le contremaître reprend le chemin de supervision. Quelques minutes de perte de vue, le voilà qui est à la poursuite d'un groupe de gamins entrés clandestinement.

CONTREMAÎTRE
(Essoufflé)

Hey bande de mauviettes, je vais vous

apprendre à rester dans vos cabanes... Allez, tenez ce coup... on n'entre pas au paradis sans passeport okay ?... allez tenez ce café comme souvenir et n'y revenez plus jamais misérables !!!

De un, deux, et trois, les enfants réussissent à sortir de la résidence, suivi d'un fou rire d'Ebogo placé sur le balcon de son fils, lui aussi jouant les chefs.

EBOGO

Yah ! Aujourd'hui, toi Philmon, tu penses à aller engraisser mes moutons et mes chèvres...

PHILMON
(Prends le chemin)

Bien entendu !

EBOGO

Tâches aussi d'aller tailler mes troncs en brousse et me ramener du bon vin, j'ai une visite de classe ce soir !

PHILMON

Bien pigé frère !!

EBOGO
(Doigtant ses deux frères)

Quant à vous Ebolo et Ambella vous allez rejoindre immédiatement l'extérieur de cette concession ! Vous avez refusé d'aller dans les plantations de mon fils...

AMBELLA
(Suppliant)

Oh frère ! Ce ne fut en aucun cas un refus, juste que nous devrions d'abord aidés nos femmes avec quelques petites tâches...

EBOGO
(Stricte)

Je ne veux rien entendre, allez, hors de cette résidence ! Et rassurez-vous bien, vous ne recevrez plus un centime venant de mon fils Richard !

Et tout de suite, les deux malheureux de la matinée prennent le chemin d'escampette ; pendant ce temps, Abomo est assise en reine dans la cuisine, dirigeant une conférence de publicité en compagnie de Mekoulou et Bibi.

Scène 2

(ABOMO, BIBI, MEKOULOU)

ABOMO

Mes sœurs ma vie d'aujourd'hui n'est plus celle d'avant hein, mon fils Richard bourre mon compte bancaire chaque fin du mois ; Ô que je meurs d'argent et que ferai-je même d'autre avec ?

BIBI

(Mains tendues à la supplication)

hééé â nâ, vraiment toi tu es une élue de Dieu ma sœur !

Pendant ce temps, Mekoulou silencieuse regarde Abomo.

ABOMO

Ah oui hein, une véritable élue ! Car je ne manque vraiment de rien hein, on travaille pour moi, je dis seulement on fait. Mon congélateur est toujours ravitaillé chaque deux semaine au point où je jette même de la nourriture dans des poubelles moi...

MEKOULOU
(S'enflamme)

yéééh Abomo toi aussi ! Tu te sens aussi heureuse en disant que tu jettes souvent de la nourriture dans la poubelle alors que juste à côté de toi, les gens meurent de faim ? Comment peux-tu être aussi sadique ma sœur ?

BIBI
(À voix basse)

Ah Yaaah Mekoulou doucement ma sœur, sinon on va nous foutre hors de cette maison comme des parasites ô ô ô...

MEKOULOU
(L'interrompt aussitôt)

Hé pardon, je ne tolère pas de telles sottises moi, Abomo ne doit pas se comporter aussi méchamment...

ABOMO
(En colère)

Nãn Etougou !! Mekoulou ose venir hausser le ton dans ma maison en tant que qui ? C'est toi qui viens désormais me dire ce que je dois faire de mon existence ?

MEKOULOU

Je ne suis pas venu te dicter chez toi reine Élisabeth, je suis juste en train de vouloir te dire de changer et de cesser de faire du mal aux pauvres humains sans défense tout simplement parce que tu détiens la clé de leur survie ; essais de les rendre leur bien...

ABOMO

(Mordue, se lève)

Par tous les dieux ! Je dois donner mon argent ainsi que ma nourriture à ces pauvres paysans parce qu'ils m'ont aidés à élever mon Richard ? Ils étaient là lorsque je souffrais jour et nuit pour faire de lui l'homme qu'il est aujourd'hui ?

MEKOULOU

yeuuuuh voyez moi cette ingrate ! Nul n'ignore que sans l'aide de ces valeureux hommes, Richard ne serait rien, je dis bien un rien du tout ! Nous savons bien dans quelles misères ton mari et toi viviez, incapables d'assumer les responsabilités de ce jeune homme ma chère, sois un peu reconnaissante !!

BIBI

(À voix basse tirant Mekoulou)

Hakiééé Mekoulou, Abomo va faire appel aux chiens pour nous déchirer ô ô tais-toi, laisses la parler...

ABOMO

Assez avec tes sottises et je te rappelle bien que t'es chez moi allez, ouste ! Hors de ma maison ; vas continuer à débiter tes bêtises hors de ma demeure et n'y reviens plus jamais pauvre femme !!!

MEKOULOU

(Fiasque et se lève au même moment)

Ho n'importe quoi ! Que je te dise, je me sens tellement aisée dans ma misère, tellement inouïe dans ma petite cabane ; que Dieu ait pitié de ton âme le jour du trépas car t'es vraiment inconsciente !

ABOMO

(Gronde)

Vas-t-en de chez moi, j'ai dit et n'y reviens plus misérable femme !

MEKOULOU

(Placée à l'extérieur lance un dernier coup)

Haka, la richesse t'a vraiment surprise ma chère sœur, tu n'es rien d'autre qu'une parvenue ! Mais ne t'en fais pas, tes actes te rattraperont aussitôt reine mère de Richard, je me casse de votre palais !

ABOMO

(Veut se lancer mais tenue par Bibi)

Vois moi celle-là qui ne me mange pas à sa faim, mais ose venir se tenir devant de vraies personnes ! *(suivi des gestes)* l'argent j'en jette moi et tu en trouves dans tous mes kabas ngondo, la nourriture j'en donne aux chiens... misérable femme rejoins ta petite hutte de survie, toi et moi sommes incomparables !

MEKOULOU

(Fou rire)

Hô que je te dise ma chère sœur, la vie sur terre tourne en rond, rien n'avance, rien ne recule ! Alors que tu le saches bien, toute beauté fane comme toute puissance tombe ; tout roi ainsi que sa reine finissent toujours par ramper ; pour en conclure, tout être humain est destiné à la mort ! J'espère bien que toi t'es immortelle chère sœur ? Sinon, le jour de ta mort, n'oublies jamais d'emporter de l'argent, la nourriture, les voitures et des villas luxueuses de ton fils. Je m'en vais, bonne journée !!

Et tout de suite Mekoulou se retire.

Scène 3

(EYENGA, EVINA)

Evina est assis devant sa modeste résidence, habillé en tenue de brousse et limant bien sa machette au son d'une mélodie traditionnelle ; et tout de suite, voilà Eyenga qui sort toute nerveuse et se tient devant lui en position de guerrière, mains sur les hanches.

EYENGA

Je dis hein cher monsieur qui lime sa machette, tu es même de quelle espèce d'homme toi ?

EVINA

(Arrête de limer et fixe Eyenga)

Eyenga, ton problème c'est quoi maintenant ?

EYENGA

Pendant que tes frères se rendent chez Richard travailler pour ramener ensuite des bonnes choses en soirée, toi tu limes tranquillement ta machette pour la brousse ? Hakié Evina !!

EVINA

Ma chère, y a-t-il un cerveau en place dans cette tête ?

EYENGA

Ah oui, et ce cerveau fonctionne à merveille !

EVINA

Non je n'y crois pas ! Alors je dois abandonner mes activités, mes champs au prix de la nourriture, la boisson et quelques litres de pétrole n'est-ce pas ?

EYENGA

Affirmatif monsieur !

EVINA
(Fort)

Par tous les dieux !!!

EYENGA

Tous les jours c'est le champ, pour toujours ramener en soirée les feuilles de manioc ? Hakiéééé ai-je fait un pacte avec les légumes ?

EVINA

Oh seigneur ! Épouser une femme qui manque de discernement c'est bâtir sa maison au point des naufrages ! Avec toute cette charge que nous endossons dans cette maison, deux enfants à la faculté et deux lycéens, la rentrée scolaire frappant déjà à la porte, et moi je me rends dans la résidence du milliardaire Richard pour que qui vienne assumer le poids de mon fardeau ?

EYENGA

Et tous tes frères qui s'y rendent, qui s'occupent de leurs fardeaux, pas eux-mêmes ? Comme toi t'es un super homme-là !

EVINA

Alors je dois être comme eux, devenir esclave et un rampeur n'est-ce pas ? Eyenga, jamais, je dis bien à jamais je ne serai l'esclave de Richard ! Au lieu d'embellir la vie d'un homme inouï, Je devrais plutôt me préoccuper de forger l'avenir de mes enfants ; c'est eux mon avenir !

EYENGA

Wouuh ! Vois moi quelqu'un ! Tu ne sais pas que Richard ferait de nos enfants de grandes personnalités de ce pays si seulement tu étais son allié ?

EVINA

Très bien ! Et combien d'enfants a-t-il déjà aidé dans ce village ? Peux-tu me fournir quelques noms ? Il a aidé quel paysan de Nkoulou, si ce n'est que se faire idolâtrer et narguer de pauvres villageois ? Alors c'est ce que tu voudrais que je devienne aussi, un objet d'insultes et de moqueries de Richard et sa famille ? J'ai dit pas moi

Evina ! Mieux vivre dans ma misère mais tout en étant fier d'avoir malgré tout participé à la réussite de ce jeune homme. Pour ce qui est de toi ma femme, saches que tu as épousé un homme démuni et tu m'as accepté tel que je suis. Si tu trouves que cette vie de misère ne te convient plus alors madame, prends tes affaires et vas où tu te sentiras à l'aise ! Moi je dois me battre pour le futur des miens comme l'ont fait les parents de Richard.

Grand silence d'Eyenga qui entre dans la cuisine, récupère sa hotte et prend la direction de la brousse.

ACTE II

C'est la soirée, journée fatigante après des travaux champêtres. Evina est assis devant sa maison, un bidon de vin blanc à côté, écoutant un folklore du terroir. Eyenga prépare le dîner et tout à coup, voilà Mvoto qui arrive sifflotant et chantonnant bien ivre.

Scène 1

(MVOTO, EVINA, EYENGA, OWONO)

MVOTO

(Venant vers Evina)

yé yé yé be so mbok ba tae si éé , yé yé yé be so mbok ba nyin aben éé ! bot bevok bili akum aa ve dzam dè bevok be yi ve ayüm beled . ôô be wulu yi alu aaa be wulu yi Amos be buni zamba a yen ke be :

> Chœur : bot bevok ba ke tak ééé, bevok ba ke ba yôn ééé yééé mon ami di bien e ne mot ?

Traduction : Ha les bienheureux se réjouissent de la terre, ha les Richards de ce monde vivent dans la bonne aisance ! Les voilà qui vivent dans l'opulence des richesses, pendant que d'autres désirent avoir une miette de pain pour manger. Ils marchent nuit comme jour, croyant que Dieu ne les voient pas.

> *Chœur : Certaines personnes sont heureux, pendant que d'autres sont dans les pleurs, ô ô mon ami je me demande ce qu'est réellement le monde !*

EVINA

(Coupe la chanson)

Hé Mvoto mon cher frère, qui t'a mis dans un tel bon état ?

MVOTO

(Prend place et reste silencieux un bon moment)

Ha Evina je suis fâché contre toi !

EVINA

Heukié ! Qu'ai-je fait mon cher grand frère?

MVOTO

(Secoue la tête)

J'ai cru que dans ce village, le seul homme intègre, digne de confiance c'était toi mais hélas, je me suis trompé d'homme !

EVINA

Mvoto mon frère, le véritable problème c'est quoi ? Jusque-là je ne comprends rien du tout !

MVOTO

yékié ha Evina, donc pendant que les feuilles de manioc font mon pain quotidien, toi mon frère Evina déchires de la viande chez toi ?

EVINA
(Effrayé)

Heukié ! Moi, Manger de la viande chaque jour ? Hé, qui t'a livré une telle information aussi erronée ?

MVOTO
(Compte des doigts)

La semaine passée, c'était une biche, avant hier, c'était un pangolin et hier soir, c'était le rat palmiste ; ha Evina je suis au courant de tout !

EVINA

Ntodobe ! Mvoto mon cher frère, depuis quand je mange de la viande sans toutefois t'appeler ?

MVOTO

C'est la même question que je me pose hein !

EVINA

Très bien ! Saches donc que celui qui est venu te livrer toutes ces informations n'est rien d'autre qu'un menteur qui cherche tout simplement notre division, rien d'autre !

MVOTO
(Revient petit à petit de sa colère)

Hum tu peux avoir raison hein et surtout que c'est le plus grand colporteur de ce village qui me les livrent !

EVINA

Ebolo sûrement, je ne vois personne d'autre!

MVOTO

Hé comment tu as su que c'était lui ?

EVINA

Parce que c'est son travail. Dès lors qu'il détient une assiette de nourriture, il est prêt à livrer tout un village s'il le faut. Et saches qu'il me rapporte les mêmes informations te concernant !

MVOTO
(Claque les doigts)

Exactement ! Ce jour, il mangeait un bon poulet rôti chez moi !

EVINA
(Fou rire)

Hahahaha voilà toi-même tu peux donc

conclure... qu'à cela ne tienne, revenons à nos moutons ! D'où viens-tu étant en haut comme ça mon cher frère ?

MVOTO

Haka ha Evina, que j'ai même trop bu quoi? J'ai pris ces quelques verres chez Afana au moment où je partais régler les comptes à Ako'o !

EVINA

Heukié ! Encore ce fils de Koulou dans ce village ? Et c'est quoi le problème entre Ako'o et toi ?

MVOTO

Hé ha Evina laisses-moi ! En tant que grand chasseur de ce village, j'avais confié dix cartouches à Ako'o afin qu'il me ramène un gibier ; bref, je désirais manger quelque chose de bien !

EVINA

Je vois !

MVOTO

Nous sommes à un mois aujourd'hui jour pour jour, même pas un rat palmiste ! La chanson de tous les jours c'est : « papa Mvoto, vraiment c'est dur, j'ai cafouillé toute la forêt sans toutefois attraper quoi que ce soit comme gibier ».

EVINA

Wouuh, voyez moi ce garçon malhonnête ! Pourtant sa femme passe ici chaque jour : « ovianga, ovianga, ovianga », ces viandes d'ovianga proviennent du ciel alors ?

MVOTO

Bonne question ! Aujourd'hui je suis allé lui dire deux choses : mes dix cartouches ou mes gibiers, trop c'est trop !

EVINA

Bonne décision frère, tu as vraiment réagi comme un lion !

Pendant qu'il parle ainsi, voilà Owono qui arrive à vive allure.

OWONO

Ha Mvoto, ha Evina événement en plein jour, je dis bien c'est du venez voir dans ce village ce soir !

MVOTO et EVINA
(En chœur)

Haaaan ? Que se passe-t-il alors frère ?

OWONO

Wouuh mes frères, le respect, la dignité sont toutes des choses mortes dans ce village !

EVINA

Dis-nous frère qu'as-tu vu alors ?

OWONO

Je sortais comme ça de chez moi un - deux, un - deux et je me retrouve devant le portail de Richard. Et du coup, j'entends les éclats de voix et des bruits provenant de sa résidence comme si nous étions dans un grand marché ; voilà ma curiosité qui me conduit cougna cougna jusqu'à l'intérieur de cette prison dorée, mes frères...

MVOTO ET EVINA
(En chœur)

hmmmm ?!?

OWONO
(Debout suivi des gestes)

Ela et Befolo se déchirent là-bas pour quelques cuisses de poulets, Eba'a et Yoanes se lancent de violents mots sans réserves à cause d'une demi-bouteille de whisky, Makrita et philomena déclenchent une bagarre dans la cuisine jusqu'à tomber dans une bassine de viande, suivi des éclats de rire d'Abomo. À l'extérieur, Ebogo est debout grand spectateur devant le balcon de son fils tout en se moquant de ses frères, du jamais vu !

EVINA
(Claque les mains et secoue la tête)

Ha Owono qu'est-ce que tu racontes là ? Alors Richard a bâti tout un royaume afin que règnent ses parents en roi et reine n'est-ce pas ?

OWONO
(Reprend place)

Exactement comme je vous raconte mes frères ! Par peur de tomber dans le même sillage de la honte, je me suis éclipsé en douceur pour ne même pas être aperçu par qui que ce soit seulement main sur la bouche !

MVOTO
(Petit sourire et secoue la tête)

Hééé mes frères, l'être humain est méchant ! Quand je me rappelle bien de la souffrance qu'enduraient Abomo et Ebogo dans ce village et tout le soutien qu'on a apporté à cette famille vraiment...

OWONO
(Bras tendus)

Ne finis pas ô cher frère ; la misère, la famine, les peines même pour inscrire ce Richard au lycée, je me rappelle bien qu'on avait cotisé pour pouvoir aider ce jeune garçon à se faire inscrire au collège. Mais aujourd'hui, où en sommes-nous ?

EVINA
(Lâche un souffle)

Pourtant la chose est très simple à saisir : la richesse a surprise Richard et sa famille, ils ne s'attendaient pas à une telle fortune. Mais ce qui m'étonne c'est leur manière de retourner cela à leurs bienfaiteurs.

MVOTO

Ha na ! Ha Evina quelle déception, quelle ingratitude ! Quand je pense bien que c'est ta modeste maison qui a forgée Richard jusqu'à ce qu'il soit devenu ce qu'il est aujourd'hui...

OWONO

Mes frères c'est ça le monde d'aujourd'hui hein *(fiasque),* dès qu'on a de l'argent, on devient maître de tout, les hommes deviennent des esclaves et on oublie complètement ceux qui ont participés à notre essor, ah oui !

MVOTO

Exactement ce que nous vivons ici à Nkoulou ! Nous-mêmes avions élit Richard espérant qu'il fera le bien à tout le village, qu'il prendra soin de ses frères et sœurs afin que nul ne manque de rien, mais hélas... pour avoir un morceau de pain de ce jeune homme, il faut ramper !

EVINA

Vous vous posez des questions pourtant la

chose est belle et bien écrite dans la bible hein ; que les derniers jours, les hommes seront égoïstes, menteurs, amis d'eux-mêmes, amis de l'argent, cruels et meurtriers. Un tour dans l'actualité internationale, vous vous rendrez compte que toutes ces prophéties sont en train de s'accomplir !

MVOTO ET OWONO
(En chœur)

Vérité des vérités !!

EVINA

Quand on te dit qu'un seul individu possède à lui seul, une fortune pouvant suffire à tout un continent comme le nôtre, il possède des avions, un parking qui vaut des dizaines de millions de dollars, il a des villas partout dans le monde ; je vais citer quoi et laisser quoi ?

MVOTO
(Ton Pathétique bras tendus)

Hé seigneur Dieu ! Pendant que nous prions pour avoir ne serait-ce qu'un beignet de vingt-cinq francs au quotidien, dans quel monde vivons-nous ?

OWONO

Et c'est quelque chose que tu dois bien piger hein frère, dans ce monde, les problèmes ne sont pas les mêmes. Aussi, on n'a pas les mêmes visions, le même cœur ; en effet, chacun développe sa part d'idéologie dans ce monde !

EVINA
(Doigtant Owono)

Très d'accord avec toi frère !

OWONO

Si on te dit la somme que dépense Richard seulement pour l'écolage de ces enfants, ses villas dans toutes les villes de ce pays, son parking et ces autres biens. Le chien de Richard a une ration alimentaire d'un salarié de classe ! Pendant qu'il est incapable de dépenser mille dollars seulement pour les pauvres habitants de son village.

EVINA

Voilà ! Puis on me demande de m'aligner

derrière un pareil homme aussi égocentrique, moi je ne suis pas là !

MVOTO

Cher frère, si tout le monde pouvait être comme nous ; des hommes inouïs dans leur misère, jamais des pions, et esclaves d'un Richard hautain, arrogant et cruel !

EVINA
(Coupe MVOTO)

Ha Mvoto, j'ai déjà parlé à mes frères au point où j'en suis devenu l'ennemi juré de la famille de Richard. Prions seulement qu'ils prennent conscience aussitôt hein !

OWONO

Bien dit frère !

Pendant qu'ils parlent, Eyenga sort avec deux grosses assiettes suivi d'Assomo derrière avec un gobelet d'eau et les placent devant nos conférenciers.

EYENGA

Mes chers époux, vous avez trop discuté

alors, essayez de reprendre des forces autour de ce bon plat de pwem zong !

MVOTO

Hé Seigneur Jésus de Nazareth ! Je demande hein, il n'y a plus de poisson ni de viande dans ce village au point de manger le pwem chaque jour ? (*suivi des éclats de rire des autres*)

OWONO

heukié Mvoto, comment peux-tu être audacieux avec une telle bonne nourriture comme le pwem ?

EVINA
(Rire)

Qu'est-ce que tu en sais ? Derrière le pwem peut se cacher plusieurs surprises hein mon cher Mvoto !

MVOTO
(Fâché)

Haaka, quels genres de surprises encore ? Ça quittera de feuilles de manioc pillées pour devenir quoi ensuite ? (*éclats de rire de ses frères)*

EVINA
(Rire)

Attention Evina, ces feuilles de manioc vont te surprendre !

EYENGA

Bon, moi je rejoins la cuisine alors, je vous souhaite bonne dégustation mes chers époux !

OWONO

Ho, merci ô ô ô ma vaillante épouse !

MVOTO

Ha, merci Eyenga, même comme ce ne sont que des feuilles de manioc pillées ! *(éclats de rire de ses frères)*

Eyenga et Assomo rejoignent la cuisine, les trois compères reprennent leur discussion.

OWONO
(Rire)

Haaka Evina, n'écoute pas les bobards de Mvoto, il est d'abord bien ivre, saches que tu es l'un des plus grands de ce village !

Demande-moi le pourquoi ?

MVOTO
(En sourdine)

Vraiment de Dieu ! Écoute-moi celui-là qui va raconter des bobards tout à l'heure à cause des feuilles de manioc pillées, wouuh ha ntodobe !!

EVINA
(Rire)

Oui pourquoi frère ?

OWONO

Tu as déjà fait en paroles et en actes, ce village peut en témoigner ; alors réjouis-toi frère car, personne ne rendra tous ces bienfaits, Dieu seul !

EVINA

Oh merci frère, ces paroles m'honorent !

MVOTO

Là, tu as au moins dit quelque chose qui me va droit au cœur hein Owono ! Seul Dieu récompensera notre labeur alors, réjouissons-nous frères d'avoir fait de Richard ce qu'il est aujourd'hui !

OWONO

Bien dit frère ! Que Richard habite des immeubles qui coûtent des milliards restons dans nos cabanes !

EVINA ET MVOTO
(En chœur)

Tout à fait vrai, restons chez nous !!

OWONO

Qu'il boive des grands vins de marques, mangue de la viande, du poisson et autres, mangeons notre pwem comme l'a fait notre femme en toute tranquillité !

EVINA
(Petit sourire)

Ah oui !! Surtout avec ce merveilleux cadeau que nous a fait le seigneur ce soir mes frères, la vipère est à notre disposition, régalons nous chers frères !

MVOTO
(S'effraie et chute de sa chaise)

La vipère ? *(il ouvre vite les assiettes)* Ntodobe ! Ha Evina, donc ton histoire de pwem là n'était qu'une ironie alors ?

EVINA
(Fou rire)

Je t'ai bien dit que derrière le pwem se cache pleines de surprises !

MVOTO
(Reprend sa place)

Comment oses-tu jouer avec de telles bonnes choses de la nature Evina ? Tu sais combien de mois je n'aperçois pas une telle merveille ? À chaque fois il faudra toujours commencer par la bonne et finir par la mauvaise mon cher !

EVINA
(Rire)

C'est à dire frère ?

MVOTO

Qu'on devrait prendre en entrée ce beau plat de vipère, et finir en sortie avec Richard Bekono ; ça serait mieux !

EVINA

Bref, j'y ai bien pensé qu'il fallait qu'on commence par la mauvaise et finisse par la bonne. Imagines toi un seul instant si on engageait avec ce beau serpent, on allait plus évoquer cette belle discussion qui nous a pourtant diverti !

MVOTO

(Secoue la tête)

Vraiment, Eyenga et toi ne faites qu'un couple de gros malins !

OWONO

(Rire)

Bon assez bavardé frères, grouillons-nous avant qu'on ne reçoive un autre étranger sans billet d'invitation !

EVINA

Un " je m'invite" !!

OWONO

(Rire)

Yaaah tu as tout compris, un " je m'invite moi-même" !!

MVOTO

(Se servant déjà un morceau)

Haaka mes chers frères, déchirons ce beau serpent que nous a fait la grâce de Dieu !!

OWONO

Et sans pitié frères ! Ceux qui iront chez Richard demain bagarrer à cause de la viande de bœuf et du riz, nous serons tranquillement chez nous !

EVINA

Tout à fait d'accord avec toi Owono ! Malgré nos misères, évitons l'humiliation, contentons-nous de ce que Dieu nous donne au quotidien !

OWONO ET MVOTO

Tout à fait vrai !!

Ainsi les frères se régalent, tout heureux. Demain c'est l'arrivé de Richard Bekono.

ACTE III

Ainsi nous sommes au jour dit, l'arrivé de Richard à Nkoulou. Les branches de palmiers ornent le long de la route, de l'entrée du village jusqu'au domicile de Richard. La garde est débordée par la mobilisation des villageois sortis nombreux. Tout au milieu de la grande cours, des groupes de danses et d'animations tiennent au rythme des tam-tams, tambours et balafons la foule en haleine. Chacun essaye de montrer son savoir-faire pour ne rater aucune opportunité de bénéficier une grosse récompense du député.

Notre fameux chef de protocole habillé en veste, après des vas et viens dans la cours, annonce l'arrivée du cortège de Richard et l'ambiance devient de plus en plus vive ; les cris se font entendre dans toute la résidence. Et soudain, l'homme qu'on attendait est enfin là, place à la chanson d'accueil :

Chant : Depuis le matin nous attendons, votre arrivé, soyez les bienvenus !!! {Bis}

Chœur : Gloire à Dieu, honneur à vous, soyez les bienvenus !! {Bis}

Et tout de suite, Richard foule le sol suivi des cris du public, un petit moment pour arranger son costard, et prend tout de suite la direction des groupes de danses, sort des enveloppes qu'il partage à chaque groupe de danse et se dirige vers l'endroit que lui indique le chef de protocole.

Scène 1

(CHEF DE PROTOCOLE, ASSISTANCE, RICHARD)

CHEF DE PROTOCOLE
(Tape trois fois le micro et tousse)

Mesdames et messieurs, chers frères et sœurs, aujourd'hui est un grand jour !!

ASSISTANCE
(Cris de joie)

Hiyèèèèèè !!! Coucou-ou-ou-ou-ou !!!!

CHEF DE PROTOCOLE

Il est parti depuis deux mois sur des terres inconnues, revient aujourd'hui chez lui nous raconter comment s'est déroulé son voyage et toute sa joie d'être parmi nous. Pour cela, *(se retourne en direction de Richard avec un petit sourire)* veuillez accueillir notre honorable père et grand député, Richard Bekono !!!

ASSISTANCE

Hiyèèèèèè !!!!! coucou-ou-ou-ou-ou !!!!

Après l'annonce, Richard ne se lève pas tout de suite, il prend d'abord tout son temps pour mieux boutonner sa veste même s'il n'y a rien à boutonner, arrange bien sa cravate, lance maintenant un coup d'œil sur sa montre avant de se diriger vers le micro sous des cris et applaudissements du public.

RICHARD

Je salue toute la population de Nkoulou ici présente !!

ASSISTANCE
(Haut et fort)

Nous te saluons aussi grand député !!!

RICHARD

Yaaah !! C'est une grande joie pour moi, de compter parmi vous cet après-midi. Comme vous le savez bien, vivre de l'autre côté des États-Unis là-bas n'est pas chose facile. En effet, il faut s'habituer avec les tracasseries des métros, marcher à côté de gratte-ciels, faire des tours à la mer à bord d'un yacht, mais à la fin, la vie est très belle là-bas !! Je veux des acclamations !!

ASSISTANCE
(Fort)

Hiyè-ké-ké-ké !!!!

RICHARD

Yaaah !!! *(Enlève ses lunettes pour les essuyer)* Après mes petites balades, il a fallu que je m'achète de nouvelles voitures car, vous connaissez bien ma passion pour les marques américaines. Et aussi, il fallait que je mette un jet privé à ma disposition car, j'aurai de multiples voyages à faire à bord de ce joyau ; et qui m'a coûté pratiquement vingt millions de dollars américains. Hôôô, acclamez-moi, qui dans ce département voyage en avion personnel?

ASSISTANCE
(Cris)

Toi seul Richard !!! Yiki-ki-ki-ki-ki !!!!

RICHARD

Yaaah !! Et pour finir, *(remet ses lunettes)* vous savez bien que je suis un amoureux des vestes alors, il a fallu que j'en achète d'autres à l'exemple de celle que je porte actuellement, *(se contemple)* elle m'a pratiquement coûtée quelques vingt-cinq mille dollars Américains !! Haaaa, Mais quel est ce publique pâle ! Faites du bruit, je veux entendre des cris et acclamations!!!

ASSISTANCE
(Acclamations et sirènes)

Coucou-ou-ou-ou-ou !!!!

RICHARD

Qui suis-je ?

ASSISTANCE

Homme sans soucis !!!

RICHARD

Richard je suis ?

ASSISTANCE
(Plus vive)

Homme sans soucis !!!

RICHARD

Yaaah !!! Nkoulou veut quoi cet après-midi ?

ASSISTANCE

La viande, le poisson et du riz !!

RICHARD

Hôôôô je n'entends rien là, le village Nkoulou veut ?

ASSISTANCE
(Plus vive)

La viande, le poisson et du riz !!

RICHARD
(Large sourire)

Yaaah que la fête commence !!!

ASSISTANCE

Vive Richard notre honorable député !!!

Et tout de suite, Richard prend la direction de sa villa. Mais il n'ira pas loin, il va se poster à l'étage pour mieux assister au spectacle qui va se dérouler lors de la distribution des denrées alimentaires et autres. Sans tarder, la scène commence : on se déchire sans relâche pour un morceau de savon, voilà un jeune garçon qui frappe violemment un homme âgé à cause d'une cannette de bière, un groupe de femmes de l'autre côté se trainent au sol à cause de quelques poissons, voilà l'autre qui reçoit une bouteille sur la tête à cause du mauvais partage. Ceci dure jusque dans la soirée, on rentre avec des écorchures, des bosses sur la tête, des habits déchirés, Richard peut pousser un rire moqueur prenant son gin en toute tranquillité : Richard est un homme plus que satisfait !!

Au lendemain de l'arrivé de Richard, une matinée hallucinante commence pour notre député qui prend son petit déjeuner et du coup, Bernard annonce l'arrivée d'un visiteur de la matinée.

Scène 2

(BERNARD, RICHARD, EBOLO)

BERNARD

(À travers la fenêtre)

Patron, vous avez de la visite !!

RICHARD

(Furieux)

Haaa ! Il s'agit de quel pauvrard ?

BERNARD

Le vieillard qui a l'habitude de se présenter à l'heure de votre petit déjeuner patron !

RICHARD

Merde, les mêmes casse-pieds, pas moyen de finir sa tasse de thé avec ces paysans ! Bon, faites entrer ce parasite !

BERNARD

D'accord patron ! Hey vieillard, venez le patron accepte de vous recevoir... Hey, enlevez vos chaussures bon sang, avez-vous un tel marbre chez vous ? Bon, vous pouvez entrer maintenant !

RICHARD
(Pour dire bienvenu)

Ha ! Ebolo, c'est toi qui ose interrompre le déjeuner d'un député ? Allez, prends place sur le tapis !

EBOLO
(S'assoit sur le tapis)

Ho merci Richard d'avoir accepté de me recevoir !

RICHARD

Pas besoin de me raconter ta vie mon cher, sors moi ce que tu as dans le ventre ! Les discours, seul moi et uniquement moi qui les fait dans ce village ! (*tire une gorgée de son thé)*

EBOLO

J'ai plusieurs informations à te livrer mon

cher Richard. Vous avez désormais plusieurs rivaux dans ce village !

RICHARD
(Arrête de soliloquer)

Hein ? Les qui donc ?

EBOLO

Est-ce que tu sais que Minkoulou et Ondoua ont achetés des groupes électrogènes ? Et qu'en ce moment même, ils ont pour ambition de se bâtir des maisons en dures comme la vôtre ?

RICHARD
(Sursaute et dépose la tasse sur la table)

Que quoi ? Des groupes électrogènes et des maisons en dures dans ce village ? Alors les pauvrards comme ceux-là ont aussi décidé d'émerger n'est-ce pas ? *(reprend la tasse)* Haaka, ce qui est sûr, leurs groupes électrogènes ne sont rien d'autre que des marques chinoises, nul ne pourra bâtir une telle villa dans toute cette contrée ! Bernard, venez faire une tasse pour mon ami Ebolo !

EBOLO
(Très souriant)

Héé merci beaucoup Richard, ça fait vraiment longtemps hein que...

RICHARD

J'ai dit pas de discours chez moi, tâches de me livrer les vraies informations !

EBOLO

Okay Okay je continue ! Est-ce que tu es au courant que le fils d'Evina vient d'obtenir une licence en comptabilité ? Et que Mvoto a actuellement deux bacheliers chez lui y compris deux masters ?

RICHARD
(Dépose à nouveau la tasse)

Quoi ? Un licencier, bacheliers et masters chez Evina et son acolyte Mvoto ? *(Reprend sa tasse)* Haaka, ils peuvent avoir tous ces diplômes mais à la fin, ceux-là ne travailleront nulle part dans ce pays ; je suis un député et j'ai des relations un peu partout moi !

EBOLO

Et saches bien qu'ils disent qu'ils ne

viendront jamais travailler chez toi au fait, qu'ils ne seront jamais tes esclaves. Souvent, ils se moquent même de nous au moment où nous venons ici !

RICHARD

Sacrilège !! Alors, ces deux vieux sorciers ne viennent jamais travailler ici n'est-ce pas?

EBOLO

Comme je te dis là Richard !

RICHARD

Très bien, je règlerai leurs comptes d'ici peu ! Bon... heu... vides déjà la tasse et qu'on te donne quelques kilos de riz, la viande, le poisson et deux cannettes de vin pour ton retour, j'ai beaucoup à faire là !

EBOLO
(L'heure de gloire a sonnée)

Hô que Dieu te bénisse notre sauveur et bienfaiteur Richard !

RICHARD
(Montrant la sortie)

Bien bien, tu peux libérer le tapis et à la

prochaine !

Ebolo rejoint l'extérieur dans la joie d'avoir gagner le gros paquet du jour.

Evina racle quelques herbes à base d'une pelle. Et tout de suite, voilà Ngo'o et Abodo qui se dirigent vers lui.

Scène 3

(EVINA, ABODO, NGO'O)

EVINA

Hé, Ngo'o et Abodo, quelle surprise de vous revoir mes chers enfants ! *(les embrasse tendrement tout souriant)* Alors, Quand est-ce que vous êtes arrivés dans ce village ?

NGO'O

Depuis hier soir oncle !

EVINA
(Souriant)

Oh mon Dieu ! Que vous êtes devenus grands et beaux ! Alors, ne restons pas dehors...

NGO'O

Non oncle, Nous sommes de passage, on voulait juste te saluer. Bref, notre chemin nous mène jusqu'à notre grand cousin Richard.

EVINA
(Perd le sourire)

Ah je vois ! Mais, aviez-vous rendez-vous avec ce dernier ?

NGO'O

Non oncle, nous avons quelques petits soucis à lui soumettre ; bref s'il peut nous aider à trouver un job !

EVINA
(Laisse tomber la pelle)

Mes chers enfants, sans toutefois vous décourager, vous êtes sur une mauvaise piste ! C'était encore mieux de postuler où vous étiez en ville sûrement, le seigneur vous aurait ouvert parmi les milles portes que vous auriez frappées au moins une !

ABODO

Oncle soyez un peu plus clair là s'il vous plaît, vous voulez dire par là que Richard ne pourra jamais nous venir en aide ?

EVINA

Jamais mes enfants ! Plusieurs ont essayés comme vous mais hélas, aucune suite positive !

NGO'O

En tout cas, comme on le dit souvent oncle, que : « parmi les gens, il y a gens et gens ». Alors, le cas des autres ne sera jamais le nôtre, nous on va essayer voir !

ABODO

Ah oui Ngo'o ! Je trouve ton idée géniale. Essayons d'abord voir !

EVINA

C'est très bien d'essayer mes enfants, mais à ce niveau, vous m'aurez désobéis, vous reviendrez comme vous êtes partis !

NGO'O

Bah, assez parler oncle, on se prend au retour ; on a beaucoup de choses à dire à notre frère Richard !

EVINA

Très bien mes enfants, n'hésitez pas à faire un arrêt, nous aurons pleines de bonnes choses à nous dire et surtout bonne chance!!

Ainsi les deux frères quittent Evina et se retrouvent aussitôt chez Richard. Ils sont très vite surpris par la qualité de l'accueil.

Scène 4

(BERNARD, RICHARD, NGO’O, ABODO)

BERNARD

(À travers la fenêtre)

Patron, vous avez de la visite !

RICHARD

Haaa ! Mais qui sont-ils encore ces fameux visiteurs ?

BERNARD

Ha, rien d'important comme personne hein, juste deux jeunes hommes en babouches qui veulent vous rencontrer ! *(Ngo'o et Abodo se croisent les yeux)*

RICHARD
(Fiasque)

Faites-les donc entrer Bernard !

BERNARD

Ha vous avez de la chance hein, le patron accepte de vous rencontrer ! Allez, enlevez vos babouches j'espère que vous voyez bien ce joli marbre qui a coûté très cher au patron... Bon maintenant vous pouvez entrer !

RICHARD
(Fait fi de ne pas les reconnaître)

Alors mes chers, présentez-vous !

NGO'O

Mais Richard, nous sommes tes cousins Ngo'o et Abodo, fils de Mvoto le patriarche !

RICHARD
(Fait fi de se rappeler)

Haa je vois, je vois, je vois ! Hô Oui, ça me revient mes chers. Vous savez, avec les voyages en avion par-ci par-là, les métros et gratte-ciels européens et américains, les grandes conférences et autres, ouf, ça devient parfois très difficile pour moi de refaire surface ne m'en voulez pas ! Alors, ne restez pas debout, prenez place et dites-moi l'objet de votre visite mes chers cousins !

ABODO ET NGO'O
(Prennent place)

Merci Richard !

RICHARD

Je vous en pris mes frères !

NGO'O

Si nous sommes là frère, c'est pour

solliciter une aide auprès de toi. Nous sommes tous les deux titulaires de master en comptabilité et actuellement, nos vieux sont incapables de soutenir financièrement nos études. Alors, Nous sollicitons ton aide afin d'être insérer quelque part dans le domaine du travail. Voilà en quelque sorte, l'objet de notre visite !

RICHARD

(Tire une gorgée de son whisky et reste silencieux pendant un bout)

Humm... c'est bien... Okay j'ai compris ! Bernard !

BERNARD

(À travers la fenêtre)

Oui patron !

RICHARD

(Avec des gestes indicatifs)

Vas dans le magasin et ramènes deux machettes, deux dabas, deux brouettes, deux pulvérisateurs, deux paires de bottes, puis remets-les à mes jeunes frères ici présent !

BERNARD

Tout de suite patron !

NGO'O
(Sursaute)

Hey Richard, tout ce que tu venais de citer là c'est pour faire quoi ?

RICHARD

Mais quelle question ! Après de longues études, on rentre au village pratiquer de l'agriculture chers frangins !

ABODO

Richard, nous voulons que tu nous aides avec les concours en cours dans le pays et non nous procurer des outils agricoles !

RICHARD
(Renvoie un petit sourire et coupe un coup de son gin)

Ha mes chers amis, vous voudrez être admis dans les grands concours afin de devenir de grands hommes de ce village tout à fait normal ! Cependant, qui va souvent défricher mes grands champs, faire de la propreté dans ma résidence, planter les branches de palmiers le long de la route lorsque je dois arriver ? J'en oublie et j'en passe. Alors j'ai bien pensé qu'il fallait que vous soyez de grands agriculteurs diplômés et de là, vous serez à tout moment au village !

NGO'O

Hô mon cher frère, pardonnes moi de te le dire, mais tu es égocentrique, très dur de caractère ! C'est toi qui ose nous traiter ainsi ?

RICHARD

C'est si vous voulez hein chers frères, j'ai été clair avec vous !

NGO'O ET ABODO
(Se lèvent aussitôt)

Merci Richard, vous pouvez garder gentiment vos outils et autres, on va se battre ailleurs et que Dieu vous bénisse !

RICHARD

C'est comme vous voulez !

Les deux se retirent la queue pendante, plus aucun mot à dire ; ils ont été pourtant prévenus.

ACTE IV

Quelques jours après, nous sommes dimanche. Tout le monde se rend à l'église y compris Richard et toute sa famille, et en pleine maison du seigneur Richard et Evina s'affrontent. En effet, tout le monde a pris place à l'église, Richard de son côté occupe un siège de classe : le culte peut commencer. Mais le révérend pasteur à la maladresse de faire des présentations, ce qui n'arrange pas certaines personnes.

Scène 1

(RÉVÉREND PASTEUR, RICHARD, FIDELES, EVINA)

RÉVÉREND PASTEUR

Chers frères et sœurs en Christ, aujourd'hui est un grand jour ! Car nous sommes en présence d'un grand homme et fils de ce village parti depuis en Occident, qui veut nous faire part de son voyage. Alors, que Richard se lève et vienne parler au peuple de Dieu !

FIDÈLES
(Cris de joie)

Hiyè-ké-ké-ké !!!!! Coucou-ou-ou-ou-ou !!!!

Le pasteur descend aussitôt, question de remettre le micro au député mais hélas, Richard va prendre tout son temps pour mieux boutonner sa veste pourtant très bien boutonner, arranger sa cravate qui semble sans problème, regarder sa montre pendant que le pasteur lui tend le micro sans toutefois perdre son petit sourire. Quelques secondes s'écroulent, Richard peut enfin se lever suivi des cris dans l'église.

RICHARD

Je salue tous les frères et sœurs dans la foi!!

FIDÈLES

Nous saluons l'honorable député !!

RICHARD

Très ému d'être dans cette église, après un long et pénible voyage de l'autre côté des États-Unis pour des raisons d'affaires et diplomatiques. Et en effet, tout s'est très bien passé par la grâce du seigneur !

FIDÈLES

Coucou-ou-ou-ou-ou !!!

RICHARD

Ho mes chers frères et sœurs, l'Afrique est un autre monde, l'Amérique c'est le paradis. Étant là-bas, j'ai pu rencontrer des stars Hollywoodiennes, en particulier, le président même en personne...

UN FIDÈLE
(En sourdine)

Haaaan ? Vous avez entendu ? Richard a salué le président des États-Unis ! Qui d'autre a réussi à le faire dans cet arrondissement ?

RICHARD

Et de mon retour de l'Amérique, j'ai été reçu par le président de notre beau pays, et on a évoqué plusieurs...

EVINA
(Fort)

Assez ! Assez ! Arrêtez ces sottises ! Ici c'est la maison du seigneur et non votre salle de publicité ; si tu veux faire ton culte de personnalité Richard Bekono, tu as toute une résidence pour le faire pas dans cette église !!

Un silence de mort dans l'église, plus personne ne parle ni tousse. Tout le monde a désormais les yeux rivés sur Evina.

UNE FIDÈLE
(À voix basse)

Hiyèèèèèè, Evina est-il devenu fou ou quoi, Il ose gronder un député ?

RICHARD

Ha ne faites pas attention mes chers, ce n'est qu'un vieux alcoolique qui a pris plusieurs verres et qui est complètement déboussolé !

EVINA

À moins que ce soulard et ce déboussolé ne soit pas moi, mais toi ! Car, l'argent et le pouvoir t'ont complètement aveuglé au point de confondre réalité et illusion, temple de Dieu à la maison de publicité !

UNE FIDÈLE
(En sourdine)

Hiyè-ké-ké-ké Bon Dieu, Evina est fichu ô ô ô ! Mais qu'est ce qui lui prend de poser de tels actes ?

Le révérend pasteur tellement embarrassé, reprend vite la parole pour tenter de calmer les ardeurs.

RÉVÉREND PASTEUR
(Sourire embarrassant)

Hum... chers croyants, nous vous prions de garder votre sang froid, Evina a quelques petits problèmes spirituels ces derniers temps ; nous allons parler au frère et il reviendra à la bonne logique !

EVINA

À moins que cette logique, c'est vous qui ne puissiez la retrouver si vite cher révérend !

À l'instant, le révérend chuchote quelque chose à Richard et qui rejoint tout de suite son fauteuil pendant que le pasteur gagne le post mortem : le culte peut néanmoins débuter avec la lecture du jour.

RÉVÉREND PASTEUR
(Ouvre la bible les yeux rivés sur Evina)

Luc, chapitre huit, verset dix, en voici les paroles : « Mais je vous le dis en vérité en vérité, que celui qui est hautain envers un supérieur de la république sache qu'il a commis un drame. Et sans tarder, qu'il rencontre l'homme de Dieu à la sortie du culte pour sa purification » !

EVINA
(Haut et fort)

À moins que ce dernier soit de bonne humeur à rencontrer l'homme de Dieu !!!

À la sortie du culte, Evina se retrouve en tête avec le révérend pasteur qui semble d'ailleurs très nerveux.

Scène 2

(RÉVÉREND PASTEUR, EVINA)

RÉVÉREND PASTEUR

Ha Evina, es-tu fou ou tu apprends à le devenir ? Ne me dis pas que tu es déjà de mèche avec ces gens qui fument en cachette là hein !!

EVINA

Révérend, quel péché ai-je commis pour être blâmé de la sorte ?

RÉVÉREND PASTEUR

Tu n'as pas seulement commis un péché, mais un sacrilège mon cher !

EVINA

Moi, commettre un sacrilège ? Non je n'y crois pas ; ceux qui ont commis ce Sacrilège c'est Richard Bekono ainsi que vous ! Dans l'optique où vous laissez cet arrogant vantard faire le culte de sa personnalité en plein temple de Dieu !

RÉVÉREND PASTEUR

(Enlève ses lunettes)

Essi Mindja ! Ha Evina, voudrais-tu que je transforme ma soutane en serpent pour que tu comprennes le degré de ma colère ? Tu oses humilier un député devant ses compatriotes, au lieu de te repentir, toi tu te vantes ? Ne sais-tu pas que Dieu règne au ciel, et l'argent sur terre ?

EVINA

Haaa je comprends tout !! Comme Richard est milliardaire, c'est pour cela que vous n'avez pas hésité à lui confier le trône de Dieu afin qu'il y règne en suprême n'est-ce pas ? Alors Écoutez-moi attentivement pasteur, cette église a été bâtie pour louer Dieu seul et non Richard et sa famille. La prochaine fois qu'il reviendra faire sa satyre en ma présence, je n'hésiterai pas à lui filer une bonne humiliation comme c'était le cas aujourd'hui !

RÉVÉREND PASTEUR

Dans ce cas, je laisserai Richard faire de vous tout ce qu'il veut hein ! N'oublie pas qu'il a tous les pouvoirs de vous nuire dans ce pays que vous ayez raison ou tort. Alors, saches qu'à partir de désormais, tu es la proie de Richard !

EVINA

Très bien pasteur, ça sera avec grand plaisir ! Mais, sachez aussi qu'à partir de désormais, vous êtes la proie de la colère de Dieu ; car, quiconque vole sa gloire, fait appel à sa propre destruction ! Alors, continuez à céder son trône à Richard, vous serez surpris ce fameux jour ! Au-revoir pasteur !

Evina se retire, le révérend pasteur reste silencieux.

Nous sommes dans l'après-midi d'après culte, Evina prend place devant sa modeste maison question de profiter de ce beau climat qui arrose la nature ; et tout à coup, voilà Assomo qui vient tout essoufflé avec un seau vide et Evina se lève aussitôt pour aller à sa rencontre.

Scène 3

(EVINA, ASSOMO, BERNARD, MVOTO)

EVINA

Hé Assomo, que signifie cette course effrénée avec un seau vide, pourtant tu étais censé ramener de l'eau.

ASSOMO

(Tout essoufflé)

Papa je partais justement pour puiser de l'eau et j'ai retrouvé les enfants de Richard en train de nager. Lorsqu'ils m'ont aperçu, son fils aîné est venu me barrer la voie en disant que riches et pauvres ne cohabitent pas, que j'attende qu'ils terminent d'abord leur bain. C'est donc en insistant que se déclencha une bagarre. Après cela, ces derniers sont tous sortis de l'eau pour aller faire appel à leur père ; voilà toute l'histoire papa !

EVINA
(Secoue la tête)

Mon Dieu ! Alors même cette rivière appartient désormais à la famille de Richard n'est-ce pas ? Très bien, vas dans la cuisine et ramènes moi une machette puis reviens te placer derrière moi. Cet après-midi, Je vais montrer à Richard que tout enfant a de la valeur et que ses sottises se limitent dans sa résidence !

Et tout de suite, Assomo ramène une machette et revient se placer derrière son père. Quelques minutes seulement, alors qu'ils n'ont pas quitté leur concession, Richard a atterri avec son arsenal de guerre ; donc, une carabine, deux bergers allemands qui n'ont pas l'air de plaisanter ; Bernard derrière avec un fusil de chasse.

RICHARD

Evina, ton misérable fils a osé frapper mon enfant, je suis descendu lui donner une fessée afin qu'il ne commette plus jamais cette erreur !

EVINA

Mon cher Richard, jamais je ne ferai une chose pareille, aller donner une fessée à un enfant en présence de ses parents ; à moins que ton enfant vienne du paradis et le mien de l'enfer ! Alors, si c'est pour me démontrer toute ta puissance, là je crois que je vais devoir te montrer les limites de ton titre de député ! Que tu le saches bien, ce n'est pas parce que tu es riche et puissant que les enfants des paysans doivent être de simples ordures. Alors, osez mon cher, vous tuerez deux personnes cet après-midi.

RICHARD

(Baisse son fusil)

Ha je savais qu'on en arriverait là ! Bernard... mais où est-il ?

BERNARD

Oui patron, juste derrière vous !

RICHARD

Prends le stylo et du papier format et écris ceci : Aujourd'hui, un dimanche, Evina armé d'une machette, menace à mort le député qui essayait de défendre son fils de sa monstrueuse famille. Vas-y Écris !

BERNARD

Oui patron j'écris, de cette monstrueuse famille...

RICHARD

Oui n'oublies pas de mentionner que ce même vieillard possède des objets mystiquement dangereux, détruisant ainsi les biens et des vies humaines. En quelque sorte, le kong, le Nsong, le poison lent, le Mbimi tite, le serpent mystique, envoute les jeunes...

Pendant qu'il parle, Mvoto atterrit sur le champ de bataille tout furieux et commence à balancer de violents mots à Richard.

MVOTO

Wouuh Richard Bekono, est-ce vraiment toi ? C'est toi qui viens ici, armé d'un fusil pour tuer Evina ? Allez petit maudit, vas-y, tu peux le buter maintenant, vas-y achève-le en ma présence je vais témoigner abruti de ton espèce ! Mon Dieu venez me voir ça, Richard est armé jusqu'aux dents pour en finir avec son parrain ; le monde vire à sa fin !

EVINA

(Souriant)

Mvoto mon frère, laisses tomber, que Richard écrive tout ce qu'il a en tête ! *(fou rire)*

RICHARD

(Sans toutefois prendre en considération ce que disent Evina et Mvoto)

C'est aussi le plus grand colporteur du village, suspect dans plusieurs crimes mystiques, et pour finir, il mérite une prison à vie car, il est très dangereux pour notre entourage...

MVOTO

(Tape les mains et secoue la tête)

Ha, tu as fini n'est-ce pas ? N'oublies pas aussi de mentionner que : c'est chez cet homme que j'ai grandi, c'est cet homme qui a fait de moi ce que je suis aujourd'hui, ne l'oublie pas ô ô ô pauvre et misérable ingrat, ta fin sera pathétique ; je te le dis à haute et intelligible voix, que ton dernier jour sur terre sera effroyable !

En ces mots, Richard et toute sa bande se retirent laissant Mvoto dans une très grande colère.

MVOTO

Ha Evina, là, je crois que Richard devient l'eau qui a débordée le vase ; nous n'allons plus tolérer ses bêtises, c'est fini comme ça, on met fin à sa tyrannie !

EVINA

Que veux-tu dire par là frère ?

MVOTO

Que ce soir même, nous reprenons tout ce que nous avions confié à Richard.

EVINA
(Lâche un souffle)

Ha mon cher frère, je ne crois pas que ce soit la bonne solution. Laissons Richard porter son fardeau jusqu'à son point de chute ; peut-être là, il reprendra conscience de lui-même ...

MVOTO
(Furieux)

Jamais ! Jamais et plus jamais ça ! Notre fils nous a trahi au point de venir nous insulter, je dis bien plus de pitié ni négociations ! Ce soir, je fais appel à une réunion pour mettre fin à son fameux titre de député et tu ne devrais être absent !

Mvoto se retire dans la colère laissant derrière lui Evina dans un silence de mort.

Cette même soirée, les patriarches de Nkoulou se réunissent avec pour objet, renverser richard et reprendre toutes leurs énergies qui ont fait de lui un super puissant.

ACTE V

Trois jours sont passés après la réunion des patriarches de Nkoulou, et nous voici en cette matinée qui annonce le début des pires cauchemars de Richard et sa famille. En effet, tout semble très calme et rien ne cloche dans l'entourage du milliardaire. Nous apercevons çà et là des employés qui vaquent humblement à leurs différentes occupations ; pendant ce temps Richard et toute sa famille prennent leur café. Mais subitement, on annonce la présence d'un visiteur à travers la fenêtre vitrée.

Scène 1

(BERNARD, RICHARD, TRANSITAIRE, ANGELE)

BERNARD

Patron, vous avez de la visite !

RICHARD
(Furieux)

Haaa ! Impossible de terminer son petit déjeuner sans toutefois être agacé par un pauvrard de ce village... C'est qui donc ce paysan ?

BERNARD

Non patron, il ne s'agit ni d'un pauvrard, encore moins d’un paysan mais plutôt de votre transitaire qui souhaite vous rencontrer...

TRANSITAIRE
(À voix basse)

Et que c'est très urgent !

BERNARD

Voilà, il dit que c'est une affaire très urgente hein patron !

RICHARD

Okay qu'il entre alors !

BERNARD

Hum, vous avez de la chance hein qu'il vous reçoive aussi vite ce matin ! Allez, entrez et n'oubliez pas d'enlever les chaussures, le marbre a coûté très cher au patron !

TRANSITAIRE
(Mallette à main)

Bonjour monsieur Richard !

RICHARD

Bonjour monsieur, mais qu'est-ce qui vous emmène jusqu'en campagne mon cher ? Ne vous ai-je pas dit que je prenais un petit repos chez moi ? Mais quels sont ces gens agaçants et...

TRANSITAIRE

Monsieur Richard, puis-je m'asseoir et vous expliquer ce qui fait l'objet de ma présence ici ?

RICHARD

Mon cher, vous pouvez me dire cela étant debout et après, vous retournez d'où vous venez ; j'ai une tasse à finir et pleines d'autres choses à faire moi !

TRANSITAIRE
(Lâche un souffle)

Bon, Okay, c'est comme vous voulez monsieur ! Je suis ici pour... (*Richard le coupe*)

RICHARD

Oui je vous écoute !!

TRANSITAIRE

Oui c'est pour vous dire qu'on a perdu votre cargaison de marchandises en haute mer, le bateau est arrivé avec des conteneurs vides.

RICHARD
(Sursaute)

Pouvez-vous prendre place pour mieux m'expliquer cela ?

TRANSITAIRE
(Prend place)

Merci monsieur...

RICHARD

(Prend une bonne position d'audition)

Pas besoin de vos remerciements mon cher, mais pourriez-vous me rendre les choses plus claires ? Un bateau qui quitte l'Amérique ayant des marchandises à bord, arrive à destination avec des conteneurs vides. Hé, quelle tour de magie !

TRANSITAIRE

C'est comme je vous explique là monsieur Richard. On a ouvert des enquêtes pour pouvoir retracer...

RICHARD

Mon cher, les enquêtes me ramèneront cinq millions de dollars ? Allez, grouillez-vous de retrouver ma marchandise avant que je ne prenne feu !

TRANSITAIRE

(Se lève)

Vraiment désolé monsieur !

Le transitaire sort, Richard se lève et commence les vas et viens dans toute la maison, toute la famille est silencieuse.

RICHARD

Cinq millions de dollars dans la mer en un seul jour, le bateau arrive avec des conteneurs vides. Mais comment cela est-il possible ? Comment cela est-il arrivé ? Pourquoi moi ? Mais quel théâtre je vis là seigneur !

ANGÈLE

Hé tu devras te calmer mon chéri et laisser le temps faire la part des choses, tout reviendra à la normale...

RICHARD
(violemment)

Tais-toi vilaine femme ! On parle de cinq millions de dollars okay ? Cinq... millions... de dollars américains disparus ! Oh seigneur, veuillez me venir en aide, je meurs !

Dans l'après-midi, un autre visiteur se présente inopinément

Scène 2

(BERNARD, RICHARD, LE COMTABLE, ANGELE)

BERNARD
(À travers la fenêtre)

Hé patron, vous avez un nouveau visiteur là !

RICHARD
(Dépose vite le verre sur la table)

Ha, c'est sûrement le transitaire qui revient m'annoncer une bonne nouvelle...entrez alors monsieur le transitaire !

BERNARD

Non patron, il ne s'agit pas du transitaire, mais votre comptable cette fois ci !

RICHARD
(Déboussolé)

Heukié ! Mon comptable au village ? Là, ça devient très compliqué... faites le entrer Bernard !

BERNARD

Hum, le seigneur est avec vous cet après-midi hein ! Allez, allez, enlevez les chaussures, j'espère que vous avez vu ce marbre de qualité et qui coûte une fortune ; Bon, c'est bien, entrez !

LE COMPTABLE
(Mallette à la main)

Bonjour monsieur Richard...

RICHARD
(Précipitamment)

Bonjour monsieur le comptable, qu'est-ce qui vous emmène jusqu'à Nkoulou cet après-midi ?

LE COMPTABLE

Puis-je m'asseoir monsieur ?

RICHARD

Dites-moi l'objet de votre présence ici et vous retournez gentiment d'où vous venez mon cher, je ne suis pas d'humeur à parler avec qui que ce soit actuellement !

LE COMPTABLE

Okay, c'est sans problème ! Eh bien, si je suis là, c'est pour vous informer d'une chose très très mystérieuse que j'ai vécu ce matin...

RICHARD
(S'effraie)

Quoi encore maintenant ?!

LE COMPTABLE

Votre argent a complètement disparu des coffres bancaires pourtant la banque n'a subi aucun braquage ni détection de fraude dans nos machines. Vraiment, c'est très mystérieux !

RICHARD
(Perd conscience pendant un moment, puis très doucement revient à lui)

Prenez place s'il vous plaît !

LE COMPTABLE

Merci bien monsieur Richard !

RICHARD
(Tout doux)

Vous êtes en train de me faire comprendre qu'à l'heure actuelle, mon argent est inexistant c'est ça ?

LE COMPTABLE

C'est exacte monsieur !

RICHARD

Monsieur le comptable, cent... millions... de dollars, portés disparus comme ça ?

LE COMPTABLE

Comme ça monsieur Richard !

RICHARD
(Furieux)

Comme ça et vous ne faites rien pour empêcher cette incidence ? Mais êtes-vous sorcier ou apprenti ? Vous venez m'annoncer la disparition des millions de dollars on dirait le décès d'un paysan de Nkoulou ? Allez, sortez de ma maison et retrouvez mon argent !!

LE COMPTABLE
(Se lève)

Vraiment désolé monsieur Richard !!

Le comptable quitte la résidence, Richard devient tout rouge faisant le tour de la pièce, parlant tout seul.

RICHARD

Seigneur Dieu, est-ce un complot ou une tentation ? Dans la matinée c'était le transitaire, cet après-midi c'est le comptable ; qu'est ce qui ne va pas ? Pourquoi moi et pas les autres ? Qu'ai-je fait pour mériter cette torture ?

ANGÈLE

Mon chéri, cesses de te torturer les méninges, tout reviendra dans l'ordre, ne t'inquiète pas !

RICHARD
(Tout furieux)

Dans l'ordre tu dis ? Tu parles de l'ordre ? Tu vois bien que tout s'effondre autour de moi et toi tu parles de l'ordre ? Qui ramènera de l'ordre ? Le transitaire ou le comptable ?

ANGÈLE

Je ne parle ni du comptable, encore moins du transitaire, mais du village Nkoulou et ses patriarches...

RICHARD
(Plus que furieux)

Alors, c'est cette population de débiles et de vieux charlatans qui ramèneront mes milliards n'est-ce pas ? Ce petit village de pauvres paysans...

ANGÈLE
(Furieuse et coupe Richard)

Un peu de respect Richard ! N'oublies pas que sans eux, tu ne serais qu'un misérable homme rien d'autre ! C'est grâce à ces « vieux charlatans » que t'es député et influent !

RICHARD
(Fou rire)

Hahahaha !!! Que quoi ? Que c'est grâce à des vieux paysans que je suis ?

ANGÈLE

Que tu es député et grand homme d'affaires, tous nous le savons ; poses toi juste quelques petites questions pourquoi tout tourne mal aujourd'hui !

RICHARD

(Fou rire)

Ha ha ha !! Détrompes toi ma chère ! Moi Richard je me suis battu tout seul par le biais de ma sagesse et ma grande expérience d'homme politique, nul ne l'ignore dans ce village ! Alors, tout ce qu'ils racontent là n'est que des ragots ; je n’ai pas besoin de leurs minables pouvoirs mystiques pour être le grand politicien que je suis !

ANGÈLE

Tu sais quoi Richard, c'est l'arrogance et ton orgueil qui finiront par te détruire !

Angèle se retire, Richard reste tout seul.

ACTE VI

Au fur et à mesure les jours passent, Richard et sa famille, inquiets voient tout s'effondrer autour d'eux sans aucune explication. Les commentaires vont bon train.

Scène 1

(EBOLO, AMBELLA)

Ebolo et Ambella quelque-part en brousse échangeant devant un bidon de matango

EBOLO

(Verre de Matango à la main)

Ha Ambella, j'espère que tu es au courant de ce qui se passe dans ce village ces derniers temps ?

AMBELLA
(Verre de Matango à la main)

Non ô ô moi je suis au courant de rien !

EBOLO
(Il fiasque)

Comment serais-tu informé des choses qui se passent dans ton village, si jour et nuit tu pars à la pêche et ne reviens au village que s'il y a mort d'homme ?

AMBELLA

Hakiéééé, nous ne sommes pas là-bas ô ô ha Ebolo, dis-moi ce qui fait l'actualité dans le village c'est tout !

EBOLO

Ha vraiment, on ne devrait jamais compter sur ton existence hein mon cher, c'est comme si l'on vivait avec un cadavre dans la même maison ! Qu'à cela ne tienne, saches que l'heure est grave dans la famille d'Ebogo !

AMBELLA
(S'effraie un peu)

Haaan ?! Que se passe-t-il alors frère ?

EBOLO

Heu-eu-eu !!! Richard est en train de perdre toute sa fortune au jour le jour !

AMBELLA
(Dépose le verre)

Heukié ha Ebolo, qu'est-ce que tu me racontes là ? Richard, perdre toute sa richesse, mais par comment ?

EBOLO

Comme je te dis là frère ! Les comptes bancaires se vident, les marchandises disparaissent, les immeubles sont réquisitionnés.

AMBELLA
(Tape les mains)

Par tous les diables ! Quoi ?

EBOLO

Hier soir, c'était autour des voitures d'être saisies, vraiment, on ne comprend pas ce qui se passe !

AMBELLA

Qu'est-ce que tu n'es pas censé comprendre

à ce niveau Ebolo ? Richard appartient à une loge très dangereuse qui lui procure richesse et pouvoir. Et certainement qu'en ce moment, rien ne marche entre ses acolytes diaboliques et lui, qui sont en train de tout reprendre !

EBOLO

Heukié Ambella toi aussi ! Hors mis ta loge satanique, n'oublies pas que les patriarches de ce village avaient prêtés leurs mains mystiques à Richard, afin qu'il devienne très riche et célèbre pour le bien de tout le village. Aussi, Richard avait fait une promesse et juré qu'il fera le bonheur de tous. Mais alors, après son accession à l'assemblée nationale Richard nous a tourné complètement le dos. Les patriarches se sentant trahis, ont dû sûrement reprendre tous leurs pouvoirs et laisser ce dernier à son triste sort. Voilà ce que moi je pense de la réalité, laisses ton histoire de loge mystique et autres là !

AMBELLA

Là, je pense que tu as raison hein ! Car, j'ai entendu des rumeurs selon quoi les patriarches avaient tenu une réunion et sûrement, Richard faisait l'objet phare du jour !

EBOLO
(Reprend son verre)

Qu'à cela ne tienne, moi je me réjouis de la chute de Richard et sa famille ; ils doivent voir pire que ça !

AMBELLA

Moi de même Ebolo, je le dis à haute voix, que Richard tombe et ne se relève plus jamais ; ils ont été cruels envers nous !

EBOLO
(Soulève le verre)

Soulevons nos verres frère car Babylone est tombé ! Abomo et Ebogo viennent de faire une chute libre, retour à la pauvreté, la misère, et les peines à cause de leur méchanceté !

AMBELLA
(Soulève le verre et pousse un rire moqueur)

Hé-hé-hé !!! Et moi je soulève ce verre pour souhaiter bon retour à la traditionnelle à mon cher fils Richard, la vie d'avant va recommencer hahahaha !!

Pendant ce temps c'est la panique générale dans la famille de Richard. Elle cherche des solutions.

Scène 2

(ABOMO, EBOGO)

ABOMO

(À voix basse)

Hiyèèèèèè ha Ebogo, nous sommes en train de tout perdre ô ô mon chéri, tout, je dis bien tout est en train de partir ! Allons-nous retourner dans la pauvreté ? Vais-je supporté cette honte et humiliation ? Pourrai-je encore me promener dans ce village ? Pourrai-je encore dire un mot déplacé à un habitant de Nkoulou ? Ne restons pas bouche bée, il faut faire quelque chose !

EBOGO

Je crois que tu t'affoles pour rien là, pourtant on a la solution en main ma chère épouse !

ABOMO
(Retrouve ses esprits)

La solution c'est quoi alors mon cher époux?

EBOGO

On va descendre chez les patriarches supplier pour Richard à notre manière !

ABOMO
(Furieuse)

Ebogo, as-tu perdu la raison ou quoi ? Après tout ce qu'on a fait à ces gens, crois-tu qu'ils accepteront nos supplications ?

EBOGO

Pourtant la chose est très simple ma chère !

ABOMO

Et la chose simple c'est quoi ?

EBOGO

Tous ces vieillards ne sont rien d'autre que de vieux gourmands et affamés ; alors, j'y ai bien pensé, la nourriture et la boisson feront l'affaire !

ABOMO
(Très joyeuse)

Grand cerveau mon mari, ton plan est vraiment génial ! Une fois la nourriture et le vin consommés, on pourra tout simplement reprendre notre fortune.

EBOGO

Exacte ! Alors sans tarder, je vais convoquer une réunion cet après-midi afin de rencontrer ces bâtards pour qu'on en discute !

ABOMO

Très bien, et moi je vais préparer notre arsenal et la mise en scène !

Sans hésitation, les patriarches de Nkoulou acceptent la doléance d'Ebogo et Abomo, et ces derniers se retrouvent tout de suite devant les anciens comme convenu.

Scène 3

(OWONO, EBOGO, EVINA, ABOMO)

OWONO

Mes chers frères ici rassemblés, recevez une fois de plus mon bienvenu !

TOUS

(En chœur)

Merci frère !!!

OWONO

Si nous sommes rassemblés cet après-midi, c'est pour répondre à l'appel de notre frère Ebogo qui a sûrement quelque chose à nous dire. Alors sans tarder, cher frère Ebogo tu as la parole !

EBOGO

(Se lève)

Chers frères, une fois de plus, recevez mes salutations !

TOUS
(En chœur)

Yaaah Nous te saluons Ebogo !!!

EBOGO

Si nous sommes là, c'est pour exprimer tout notre regret, d'avoir fait du mal à nos frères et sœurs de ce village. Et pour cela, ma femme et moi ne sommes pas venus les mains vides, on a avec nous de la nourriture ainsi que la boisson afin que vous...

OWONO
(Furieux)

Ebogo, est-ce une farce ou une mise en scène ? Ou juste une manière de venir une fois de plus vous moquer de nous ? Après tout ce que vous avez fait à tout le village, vous trouvez que c'est votre nourriture ainsi que la boisson qui feront la solution n'est-ce pas ? Mais quel mépris ! Pensez-vous que nous sommes des mendiants ou de pauvres affamés ?

EVINA

Sans toutefois te couper frère, je pense bien

que le concerné devrait se présenter ici au lieu de ses parents ! Ha Abomo, ha Ebogo, où se cache votre fils Richard ? Pourquoi lui-même ne vient-il pas s'agenouiller devant ses pères afin que la paix revienne, au lieu de fabriquer tout ce petit théâtre ?

TOUS
(En chœur)

Voilà, Tu as tout à fait raison cher frère !!!

OWONO

Évidemment, je pense qu'Evina a tranché l'affaire ! Que Abomo et son mari aillent chercher leur fils afin qu'il vienne lui-même demander pardon. Et pensez aussi à ramener votre nourriture, nous n'en aurons pas besoin !!

TOUS
(En chœur)

Vérité! Qu'ils quittent ces lieux immédiatement, Abomo et Ebogo sont un couple de cruelles personnes !!!

Abomo et Evina se retirent tout de suite queues pendantes ; qui sème le vent récolte la tempête. En effet, les vieillards ont vite démasqués Roméo et sa Juliette ! De retour à la villa climatisée, on retrouve plutôt Richard dans la bonne humeur, verre de whisky à main et la musique rayonne dans toute la maison.

Scène 4

(ABOMO, RICHARD, EBOGO)

ABOMO

Richard, fini la fête, on descend tout de suite voir les patriarches !

RICHARD

(Rire moqueur)

Quoi, Moi, descendre voir ces pauvrards de vieillards ? Pas moi maman !!

EBOGO

Écoutes Richard, si tu veux récupérer toute ta fortune et garder ton poste de député, c'est le moment de ramper et crois-moi fils, l'heure n'est pas à la plaisanterie !

RICHARD
(Éclate d'un fou rire)

Hahahaha !!! Alors, vous êtes descendus voir ces vilains vieillards ? Hahahaha !! Écoutez, ils vous racontent que des ragots mes chers ! Pendant que vous étiez chez vos vieux charlatans, moi j'avais déjà fait appel à l'un des plus puissants marabouts de ce pays !

ABOMO ET EBOGO
(En chœur)

Ah bon ? Alors, qu'a-t-il dit le puissant marabout ?

RICHARD
(Bois un coup de son whisky)

Dès dix-huit heures de ce soir, je vais rentrer en possession de toute ma fortune, tout me reviendra !

ABOMO
(Cris de joie)

Hiyè-ké-ké-ké !!!! Coucou-ou-ou-ou-ou !!! Je suis, et demeure la mère du plus grand et plus beau député ô ô ô, que les jaloux aillent brûler les nuages !

EBOGO

Ah et moi je reste et demeure le père du plus riche de tout le département ! Allez, qu'Evina et ces vieillards aillent au diable avec leur petite magie sans effet !

Et tout de suite, la fête commence dans la demeure de Richard ! Abomo prend le chemin de la cuisine, Ebogo prend place à l'extérieure bouteille de vin ouverte ; Richard vient de semer les patriarches !

Quelques heures plus tard, le porteur de la bonne nouvelle tant attendue arrive !

Scène 5

(BERNARD, RICHARD, LE COMMISSAIRE)

BERNARD

(À travers la fenêtre)

Patron, vous avez de la visite !

RICHARD

(Très heureux tenant son verre à la main)

Oh mon Dieu ! Ce marabout est un génie. En quelques heures seulement, voilà toute ma gloire qui me revient ! Il s'agit de qui donc Bernard ?

BERNARD

Hum... un commissaire de police et pleins d'autres policiers patron !

RICHARD

(Plus qu'heureux)

Ah que de vaillants hommes cet après-midi ! Sûrement, ils ont déjà repérés mes mystérieux voleurs et viennent certainement me faire le bilan... Bon, faites entrer mes nobles messagers Bernard !

BERNARD

Allez c'est bon vous pouvez entrer commissaire, il accepte vous recevoir !

Le commissaire entre seul pendant que ses éléments restent à l'extérieur.

RICHARD
(Large sourire verre de gin à la main)

Soyez le bienvenu monsieur le commissaire ! Que je suis dans une joie immense quand je pense à toutes ses bonnes nouvelles que vous avez pour moi ! Allez, allez, prenez place ne restez...

LE COMMISSAIRE
(Coupe Richard)

Frédéric Eba'a, commissaire de division, je me présente ici avec une très mauvaise nouvelle de la Conac monsieur Richard ! Donc, sincèrement désolé, je n'aurai pas le temps de pouvoir m'asseoir !

RICHARD
(Perd son sourire)

Encore de mauvaises nouvelles ? Mais je ne m'y attendais plus !!

LE COMMISSAIRE

En effet de très très mauvaises monsieur Richard ! Vous êtes en état d'arrestation pour avoir détourner des fonds appartenant à l'Etat. Alors, vous serez dans l'obligation de garder gentiment votre silence et nous suivre sans hésitation.

RICHARD
(Furieux, dépose le verre sur la table)

Quoi ? M'arrêter ? Savez-vous à qui vous avez affaire ? Croyez-vous qu'un simple petit policier de votre état puisse me menotter ? Je vous rappelle bien que je suis député de l'Assemblée nationale de...

LE COMMISSAIRE
(Furieux)

Plus maintenant monsieur Richard, à partir de désormais vous êtes prisonnier ; fini votre trafic d'influence ! Et je vous rappelle bien que mes hommes sont juste à côté au moment où vous voudrez me résister ou faire du n'importe quoi, je serai dans l'obligation de vous infliger une bonne pâtée d'humiliation ! Sans toutefois vouloir perdre mon temps, veuillez entrer vous habiller dignement enfin que l'on quitte les lieux sans faire de bruit !

RICHARD

(Reste bouche bée pendant un certain moment, puis pose les mains sur la tête)

Mon Dieu, alors c'était ça ma fin ? Voir mes marchandises disparaitre, mes immeubles et toutes mes villas confisqués, mes voitures réquisitionnées, tout mon argent s'évaporer sans aucune suite et maintenant, c'est moi-même qui me retrouve derrière les barreaux. Ahhh, ces vieillards m'ont eu !!!

LE COMMISSAIRE

Ah oui monsieur Richard ! Voilà comment finissent toujours ceux qui tyrannisent le monde, font des richesses leurs propriétés privées au détriment des nécessiteux ; triste réalité mon cher confrère.

RICHARD

Monsieur le commissaire, vous êtes loin de me porter jugement sans toutefois mieux me connaître ! Qu'est-ce que je n'ai pas fait pour ces paysans ? J'ai bâti des maisons pour eux, des écoles, aidé les jeunes de ce village à trouver du boulot, venir en aide aux personnes en difficultés...

LE COMMISSAIRE
(Fort)

Arrêtez votre mensonge monsieur Richard ! Racontez cela à une personne qui n'est jamais arrivée à Nkoulou, pas moi ! En faisant le tour de ce village, on s'aperçoit vite que tout ce que vous dites n'est que sottises. Juste à côté de votre résidence qui a coûtée pas mal de milliards de francs, on retrouve des cabanes monsieur Richard, des huttes prêtes à s'écrouler sur les occupants ! Une très grande honte pour vous, que votre village manque de salles de classe, un centre de santé ; pire encore, on croise des gens qui font des dizaines de kilomètres à la recherche de l'eau potable. Pourtant, ils ont un farouche milliardaire pouvant résoudre tous ces problèmes. Mais la chose est simple monsieur Richard, faites-vous des amis les jours d'abondances afin de ne pas être seul quand vient le malheur. Vous avez tout eu, mais vous vous êtes contenté de faire votre propre bonheur ; tout pour vous rien pour les autres. Mais Aujourd'hui, vous êtes seul, abandonné à votre sort ! Si au moins vous aviez fait du bien à ces pauvres personnes, vous ne serez jamais dans une telle situation. Rien d'autre à faire ex-député, vous avez choisi votre chemin ; entrez-vous habiller afin que nous prenions la destination qui vous attend !

Aussitôt qu'il finit de parler ainsi, Richard prend le chemin de la chambre pendant qu'Ebogo, Angèle et Abomo atterrissent où se trouvent le commissaire, tout le monde est bouche bée. Quelques secondes suffisent pour que le commissaire jette un coup d'œil sur sa montre, un coup de feu se fait entendre venant de la chambre. Et tout de suite, le voilà qui se précipite en direction de la chambre armé d'un revolver. Aussitôt entré, le voilà qui ressort tout silencieux, mains sur la tête. Et tout de suite, c'est au tour d'Angèle d'entrer et au même instant, Angèle lâche une sirène ; en effet, Richard vient de se suicider en se tirant une balle dans la tête !

Quelques minutes suffiront pour que l'affaire soit connue dans tout Nkoulou et aussitôt, la résidence de Richard abonde de monde : **Richard Bekono est mort !!!**

Table des matières

www.ingramcontent.com/pod-product-compliance
Ingram Content Group UK Ltd.
Pitfield, Milton Keynes, MK11 3LW, UK
UKHW021657190726
13853UKWH00001B/310